COMO ENFRENTAR A OBESIDADE

Dados de Catalogação na Publicação (CIP) Internacional
(Câmara Brasileira do Livro, SP, Brasil)

M888c
Moura, Mauro Tadeu.
  Como enfrentar a obesidade / Mauro Tadeu Moura, Sérgio dos Santos. -- São Paulo : Ícone ; Campinas, SP : Editora da Universidade Estadual de Campinas, 1988.
        (Coleção como enfrentar)

  ISBN 85-274-0021-9

  1. Dietas para emagrecer 2. Emagrecimento 3. Obesidade 4. Obesidade - Aspectos psicológicos I. Santos, Sérgio dos. II. Título. III. Série.

88-0352

CDD-616.398
-613.25
-616.3980019
NLM-WD 210

Índices para catálogo sistemático:

1. Emagrecimento : Regimes : Higiene pessoal 613.25
2. Obesidade : Perspectivas psicológicas : Medicina 616.3980019
3. Obesidade : Tratamento : Medicina 616.398

Mauro Tadeu Moura   Sérgio dos Santos

COMO ENFRENTAR

A OBESIDADE

2ª EDIÇÃO

Copyright © 1993 Mauro Tadeu Moura
Sérgio dos Santos

ISBN 85-274-0021-9

Coleção: Como enfrentar...
Seleção: Veredas Editorial

Capa: J.L. Paula Jr.
Ilustrações: Huy Yong Lee
Revisão: Niuza Maria Gonçalves
Produção Gráfica: Wagner Veneziani Costa

Todos os direitos reservados
Proibida a reprodução total ou parcial
ÍCONE EDITORA LTDA.
São Paulo

Ícone Editora Ltda.
R. Anhangüera, 66
Fones: (011) 826-8849/826-7074
01135 - S.Paulo

EDITORA DA UNIVERSIDADE ESTADUAL DE CAMPINAS
(UNICAMP)
Reitor: Paulo Renato Costa Souza
Coordenador Geral da Universidade: Carlos Vogt

CONSELHO EDITORIAL:
Aécio Pereira Chagas, Alfredo Miguel Ozorio de Almeida, Attílio José Giarola, Aryon Dall'Igna Rodrigues (Presidente), Eduardo Roberto Junqueira Guimarães, Michael MacDonald Hall, Humberto de Araújo Rangel, Jayme Antunes Maciel Junior, Ubiratan D'Ambrosio

DIRETOR EXECUTIVO: Eduardo Roberto Junqueira Guimarães

Rua Cecílio Feltrin, 253
Cidade Universitária - Barão Geraldo
Fone (0192) 39.1301 (ramais 2568 e 2585)
13083 - Campinas - SP

"Reduzir as dimensões corporais a partir de dietas e exercícios é apenas a metade da batalha; manter essa redução requer um sério compromisso com um novo estilo de vida."

QUEM É MAURO TADEU MOURA

Formado pela Faculdade de Medicina da Universidade Severino
Sombra - Vassouras (RJ), fez especialização em Endocrinologia no Hospital das Clínicas da Faculdade de Medicina de São Paulo. Tem título de especialista pela Associação Médica Brasileira, pela Sociedade Brasileira de Endocrinologia e Metabologia e pelo Conselho Federal de Medicina. É especialista em Medicina Nuclear *in vitro* pela Faculdade de Medicina de São Paulo. Atualmente é membro da Sociedade Brasileira de Endocrinologia e Metabologia e diretor clínico do CAMPUS-Centro de Endocrinologia de Sorocaba.

QUEM É SÉRGIO DOS SANTOS

Formado pela Faculdade de Medicina de Sorocaba (PUC/SP), é professor-assistente mestre da disciplina de Tisiopneumologia dessa faculdade, diretor-clínico do Hospital Santo Antonio da S.A.I.Votorantim e pneumologista do CAMPUS-Centro de Endocrinologia de Sorocaba.

SUMÁRIO

1. INTRODUÇÃO 13
2. OS MITOS 15
3. O QUE É OBESIDADE 27
   a) Causas 33
   b) Conseqüências 36
4. COMO ENFRENTAR 39
5. COMO PREVENIR 51
6. PALAVRAS FINAIS 59
7. TIRE SUAS DÚVIDAS 63
8. APÊNDICE – REGRAS GERAIS – REGIME 69

1. INTRODUÇÃO

O resultado do tratamento da obesidade depende exclusivamente do comportamento do paciente. A maneira com que ele encara esse tratamento é a base para sua eficácia. É muito importante que seja estabelecida uma meta — atingir o peso-saúde e a futura manutenção —, sendo que o peso-saúde ideal deve ser alcançado no menor espaço de tempo, sem alterações do programa de emagrecimento, e que a manutenção prolongue-se pela vida toda. O período de esforço (que é a fase do regime) é, portanto, muito curto em relação ao período de manutenção, durante o qual o indivíduo poderá alimentar-se normalmente, impondo simplesmente uma disciplina a seus hábitos, podendo ter dois prazeres: comer sem ter sentimento de culpa e estar bem física, psicológica e socialmente.

Infelizmente, a maior parte dos obesos são indivíduos que já fizeram todas as dietas "milagrosas" que são divulgadas, tomaram todos "os remédios para emagrecer" e continuam tanto obesos quanto antes, ou mais, e, pior que tudo, Ainda Fazem Regime.

Geralmente o paciente obeso vive em busca de um tratamento no qual ele não precise fazer regime nem atividade física e que com "remedinhos" ele emagreça e permaneça magro, comendo exageradamente e levando vida sedentária. Ele consegue, portanto, enganar-se, indo em busca não de tratamento mas de "milagre".

Nós não possuímos nenhuma "Fórmula Milagrosa" para emagrecer. Somente a associação de regime alimentar e atividade física, ambos sob adequada orientação médica, e principalmente com a conscientização e a tomada de posição do paciente, com uma real noção do seu problema, é possível resolver o problema da obesidade.

2. OS MITOS

2. OS MITOS

A) EU ENGORDO PORQUE TENHO PROBLEMAS DE GLÂNDULAS.

A grande maioria de pessoas gordas não tem problema glandular. Em termos estatísticos, somente 1% dos pacientes obesos apresenta alterações no funcionamento glandular e, mesmo assim, essa alteração não é o único fator responsável pelo desenvolvimento de toda a obesidade do indivíduo. Na verdade a pessoa que se encontra fora de peso ideal e que pode ser enquadrado como obeso (como veremos na definição) apresenta um *transtorno metabólico* decorrente da própria obesidade e não um transtorno glandular. Dentro dos problemas glandulares, o mais comum é o paciente dizer que "tem *Tireóide*", chegando a imaginar que a presença dessa glândula já é sinônimo de doença.

Cabe, aqui, uma explicação mais detalhada sobre esse mito. A tireóide é uma glândula que existe em todos os seres humanos, que é necessária para a vida e que produz dois hormônios que regulam nosso metabolismo no nível celular. A diminuição desses hormônios por doença da própria tireóide (hipotireoidismo) tem sérias repercussões no nosso organismo, ficando inclusive para segundo plano (para nós médicos) o pequeno aumento de peso que esses transtornos provocam. Se o indivíduo não for tratado, desenvolve ao longo dos anos sérias complicações, colocando em risco sua própria vida. Não se justifica, portanto, o mito de que toda pessoa gorda tem problema tireoideano ou problema glandular, pois, se existem obesos com alteração da tireóide, seu número é infinitamente pequeno.

B) CONHEÇO PESSOAS QUE COMEM MUITO E NÃO ENGORDAM.

É comum as pessoas obesas referirem-se a este fato. Necessário explicarmos que na maioria das vezes falta uma análise mais consistente do indivíduo em questão, ou seja, devemos conhecer alguns dados, tais como seu hábito alimentar, sua atividade física e profissional e sua saúde (constituição) etc. Podemos encaixar o *comilão-que-não-engorda* em pelo menos quatro situações no dia-a-dia:

a) O indivíduo que come em grande quantidade mas foi educado ou é inato nele ter preferências por alimentos saudáveis e com poucas calorias. Mesmo que esse indivíduo coma muito acaba ingerindo uma quantidade de calorias normal. Geralmente esse tipo de pessoa que não gosta de guloseimas e alimentos muito ricos em calorias (gorduras, massas etc.).

b) Outra situação é a do indivíduo que come exageradamente em comparação aos demais, nem sempre observando a qualidade e o teor calórico, mas que consome uma quantidade proporcional de calorias, e não engorda pela sua *atividade física voluntária* ou em função de seu trabalho (exemplo: trabalhadores braçais que fazem "montanha" no prato e atletas profissionais). Outro caso é do indivíduo que não tem controle alimentar, come bastante todos os tipos de alimentos, não faz ginástica, tem uma vida sedentária e não engorda. Nesse caso, o indivíduo pode ser portador de doenças intestinais (por exemplo: parasitose ou diarréia crônica, que diminui a absorção dos alimentos) ou metabólicas (o exemplo mais comum é o de uma criança que come de tudo, mas, por ser portadora de uma amigdalite crônica, come e não engorda; com a cura do processo passa a engordar).

c) É também comum acharmos que o indivíduo não engorda sem compararmos o seu próprio peso atual com o de alguns anos atrás. O exemplo é mais elucidativo do que as palavras. Um jovem com 20 anos, 1,75m e 55 de peso e que engorda 20kg em 10 anos vai chegar aos 75kg aos 30 anos, ou seja, ainda com o peso relativamente ideal e aumentando pouco a pouco. Se ele for, mesmo tendo aumentado de peso, aparentemente ainda magro, tem-se a impressão de que ele não engorda. Nesse caso, se mantiver o mesmo hábito, provavelmente também terá problema de obesidade aos 40 anos.

d) O último exemplo é o do indivíduo que já teve excesso de peso e emagrece ou daquele que sabe que se abusar irá engordar. Esse indivíduo faz um controle alimentar adequado durante a semana, diminui a quantidade de calorias em alguns dias da semana e deixa uma certa margem para utilizar nos dias de festa ou finais de semana, sem que esse comportamento seja tido como sacrifício. Qualquer pessoa que tenha um relacionamento apenas social com esse indivíduo, vendo-o comer em restaurantes e festas ou em finais de semana, terá a falsa impressão de que ele age assim todos os dias.

Portanto é importante sabermos que *quem come muito, em quantidade errada, e não tem queima calórica (através de trabalho ou exercícios)* e que não tem quaisquer doenças *seguramente vai ter seu peso aumentado.*

C) EU FAÇO REGIME E NÃO EMAGREÇO.

Existem diversas razões para que um indivíduo *faça um regime e não emagreça.* Na imensa maioria das vezes, existe algum erro grosseiro ou involuntário na execução desse regime, que faz que ele não emagreça. *A falta de atividade física é o principal fator.*

Exemplificando:

1) O indivíduo que inicia um regime na segunda-feira e o faz até sexta-feira, alimentando-se exageradamente no final de semana faz uma espécie de manutenção de peso ou, dependendo do excesso cometido, pode até ter seu peso aumentado.

2) O indivíduo que imagina que fazer regime é comer carne e, por desconhecimento, acaba ingerindo quantidades excessivas desse alimento a ponto de suprir as suas necessidades calóricas diárias não perde peso. É importante salientar que esse é um comportamento ideal para manter o peso, lembrando que, para emagrecer, a ingestão de calorias deve ser menor que o seu consumo diário.

3) O indivíduo que comendo demais (por exemplo 6.000 calorias em média por dia) vem aumentando de peso em função desses excessos e resolve fazer regime simplesmente reduzindo a sua ingestão (um nível suficiente para a manutenção do seu peso, por exemplo 3.000 calorias por dia), mesmo comendo a metade do que comia, não emagrece. Apenas mantém o peso.

4) O último exemplo é o do indivíduo que faz a dieta durante o dia e assalta a geladeira á noite, ou faz regime certo mas "belisca" nos intervalos. Em ambos os casos, não valoriza esses fatores que são responsáveis pelo insucesso do seu tratamento. Em nossa experiência com mais de 5.000 pacientes submetidos a dieta de baixo teor calórico e em regime de internação em clínica especializada, 100% dos indivíduos emagreceram. Isto contrasta com resultados de nossos pacientes em tratamento em consultório: apesar da nossa orientação dietética, é comum verificarmos o insucesso pela impossibilidade de manter vigilância.

D) NERVOSISMO ENGORDA.

Para esclarecer esse mito, é preciso explicar alguns conceitos sobre o comportamento das pessoas obesas. Geralmente o indivíduo obeso tem a idéia de que a obesidade é decorrente de algum distúrbio orgânico e insiste em debitar o quadro a um único fator. Necessário dizer, mais uma vez, que a obesidade tem causa multifatorial e que a formação de um quadro depende da somatória de dois ou mais fatores. Por isso, o "nervosismo" em si não determina o aumento de peso numa pessoa. O que ocorre e o que leva a associar o aumento de peso ao "nervosismo" é o fato de que toda vez que um indivíduo tenso ou ansioso e que usa a alimentação como compensação desses problemas emocionais encontrar-se nesse estado, acaba ingerindo quantidade maior de calorias.

Esse processo vem de um condicionamento sofrido em uma época de sua vida que associou ou identificou o alimento como um sedativo de seus problemas existenciais. O interessante nesse comportamento é que a pessoa não tem conhecimento da quantidade de alimento que está ingerindo. E, portanto, não tem idéia exata do mecanismo do aumento de peso, isto é, que ela aumenta em peso por alimentar-se muito e que alimentou-se muito por estar nervosa.

Num outro quadro de alteração do psiquismo do indivíduo, a depressão, temos uma diminuição do gasto de energia da pessoa em função da apatia (falta de interesses, falta de movimentos) que se instala nos indivíduos deprimidos. Nesse caso, mesmo o indivíduo não comendo a mais que o seu normal, pode aumentar o peso em função de ter diminuído o gasto energético diário.

Precisamos ter cuidado ao analisar cada quadro, para podermos entender a sua causa. Temos na história da humanidade vários exemplos, mas nesse momento vamos ficar somente com dois casos. O primeiro, em relação aos campos de concentração da Alemanha nazista na Segunda Guerra Mundial. Os indivíduos foram submetidos a todo tipo de tensão e **stress**, mas, tendo uma alimentação em termos de calorias bem abaixo de suas necessidades normais, não tiveram descrito nenhum caso de resistência ao emagrecimento ou uma perda de peso fora dos padrões normais. Mesmo nos casos de pessoas que, por terem tido "cargos de confiança", recebiam rações perto de uma quantidade normal, não conseguiam deixar de perder o peso. Um outro exemplo foi o que ocorreu em regiões envolvidas na Segunda Guerra Mundial, que não sofreram privações alimentares como a dos campos de concentração, mas tiveram escassez. Dessa época é descrita uma diminuição de peso médio da população. É curioso também o fato de que o número de entradas em hospitais por descompensação de diabéticos foi menor em relação a tempos anteriores e posteriores à Guerra, e o número de aparecimentos de diabéticos insulinos-dependentes e não insulinos-dependentes registrados também diminuiu em relação às outras épocas.

Com isso verificamos que, mesmo com toda a ansiedade e pressão que passaram essas populações por terem ingerido quantidade de alimentos dentro de um padrão normal, não apresentaram um aumento de peso médio em função das simples alterações emocionais.

Além desses fatos, temos experiências com inúmeros pacientes que permanecem em nossa clínica recebendo uma alimentação normal em quantidade (não fazendo regime, mas em dieta de manutenção) para serem submetidos a uma cirurgia estética (plástica) e que, com todo o **stress** e a ansiedade que os dias que antecedem uma cirurgia podem provocar, não tivemos nenhum caso de aumento de peso. Por isso é bom lembrarmos que o nervosismo pode ajudar a engordar, mas não engorda.

E) TOMAR ÁGUA ÀS REFEIÇÕES ENGORDA.

A água é o único elemento que não possui calorias, ou seja, a sua ingestão, acompanhando ou não as refeições, não ocasiona o aumento de gordura. Aliás, cabe salientar que a ingestão de dois ou três litros de água por dia é geralmente benéfica á saúde. Vale a pena observar que durante as refeições não devemos exagerar na quantidade de qualquer líquido, pois isso provoca uma distenção do abdome e, conseqüentemente, sensação de desconforto.

F) CRIANÇA GORDA É CRIANÇA SAUDÁVEL

Não. A criança gorda de hoje é potencialmente o obeso de amanhã. A preocupação das mães em superalimentar seus filhos é a maior causa de obesidade no futuro.

G) SAUNA E MASSAGEM EMAGRECE

A sauna não emagrece. O que ocorre durante a sauna é a perda de água através do suor. Como a reposição dessa água ocorre independentemente da vontade do indivíduo, nas horas seguintes o mecanismo da sede fará que ele reponha esse líquido perdido. Com relação à massagem, não discutimos o efeito relaxante que ela causa, *mas, como perda calórica, o único que perde é o massagista.*

Com relação à obesidade, há muito mais a se falar a respeito de mitos, mas cremos serem estes suficientemente ilustrativos.

3. O QUE É OBESIDADE

Obesidade é o acúmulo exagerado de gordura no tecido subcutâneo — essa é a conceituação médica atual. Quando é evidente até o leigo reconhece, no entanto, algum pequeno aumento de peso que pode causar sérias perturbações passam despercebido até pelos próprios médicos.

Em nossa opinião, a obesidade deve ser encarada como uma alteração metabólica primária com repercussões variáveis de indivíduo para indivíduo, não relacionadas a percentuais de aumento, mas ao grau de desconforto orgânico ou psicológico que pode causar.

Existem inúmeras tabelas para determinar-se o peso ideal de um indivíduo, (*por exemplo: peso ideal = altura em centímetro - 100*).

Ao nosso ver, essas tabelas e fórmulas podem gerar inúmeras confusões, pois, às vezes, o aumento de peso se faz através do aumento da massa muscular. Por isso, preferimos adotar um parâmetro objetivo: medidas das dobras cutâneas, realizadas através de uma aparelho próprio (**figura 1**) que as mede em determinados pontos. Adotamos, por exemplo, algumas como padrão: a dobra cutânea sub-escapular, a dobra

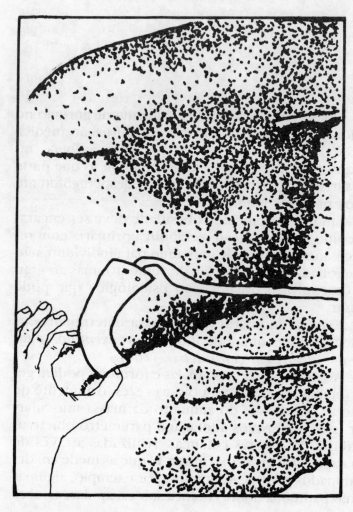

Figura 1- Dobra cutânea subescapular.

da região posterior do braço (tríceps) e a dobra cutânea do abdome ou supra-ilíaca (**figura 2**).

Existem outros estudos sendo desenvolvidos para o cálculo dessas espessuras através do ultra-som (que, em breve talvez possa ser utilizado rotineiramente pelos endocrinologistas).

Uma maneira simples porém sujeita a erro, para que uma pessoa possa avaliar se está ou não fora do peso ideal, será a utilização da tabela anexa, que é a que mais se aproxima de valores reais:

HOMENS		MULHERES	
ALTURA (cm)	PESO (kg)	ALTURA (cm)	PESO (kg)
155,0	53 a 63,5	142,0	41,5 a 48,5
157,5	54,5 a 65,0	144,5	42,5 a 49,5
160,0	56 a 66,5	147,0	43,5 a 51,0
162,5	57 a 68,5	150,0	44,5 a 53,5
165,0	58,5 a 70,5	152,5	46,0 a 54,0
167,5	60 a 72,5	155,0	47,5 a 55,0
170,0	62 a 74,5	157,5	48,5 a 57,0
172,5	64 a 76,5	160,0	50,0 a 58,5
175,0	65 a 78,5	162,5	51,5 a 66,0
177,5	67,5 a 80,5	165,0	53,0 a 63,0
180,0	69 a 83,0	167,5	55,0 a 69,5
182,5	71 a 85,0	170,0	57,0 a 66,5
185,0	73 a 87,5	172,5	58,5 a 68,0
187,5	75 a 89,5	175,0	60,5 a 70,0
190,0	77,5 a 92,0	177,5	65,0 a 72,0

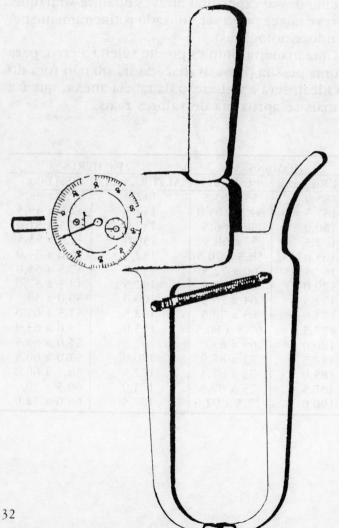

Figura 2- Medidor de dobras cutâneas.

CRIANÇAS E ADOLESCENTES

MENINOS		MENINAS	
ALTURA (cm)	PESO (kg)	ALTURA (cm)	PESO (kg)
86,0	12,300	84,9	11,700
102,2	16,100	100,5	15,400
114,4	19,900	113,0	19,000
124,7	24,000	124,3	23,600
135,0	29,400	134,6	28,800
144,9	35,700	146,5	36,600
154,1	41,800	156,0	46,000
162,3	49,400	160,5	50,300
169,0	56,500	162,5	53,300
173,5	61,100	162,5	53,300

a) CAUSAS

1) FALTA DE ATIVIDADE FÍSICA

A obesidade é uma doença de origem multifatorial, isto é, depende de várias causas, que agem conjuntamente para determinar o seu aparecimento. Podemos citar as causas mais comuns: falta de atividade física; vida sedentária; educação alimentar inadequada; compulsividade pelo alimento; o prazer de comer como compensação de problemas emocionais. Isto nos faz crer que *todos os homens serão gordos, com exceção daqueles que tiveram controle do seu apetite e fizeram atividades físicas.*

O desenvolvimento tecnológico e industrial levou o homem a utilizar cada vez mais a máquina para transportá-lo e trabalhar para ele. O gasto de energia ficou para a máquina e não para o homem e aliou-se a isso inúmeros erros alimentares. Só recentemente tem sido dado o devido valor á prática de exercícios programados (inclusive esportes de competição) em vários países do mundo, como um dos fatores primordiais de manutenção de peso e da saúde. A falta desses exercícios é uma das principais causas da obesidade.

2) AUMENTO DA INGESTÃO ALIMENTAR

a) Hábito familiar alimentar errado: poucos são os pais que se preocupam em dar educação alimentar adequada para seus filhos. Existem pessoas que "aprendem" a comer muito. É extremamente comum, na maioria das famílias, que as comemorações ou simples reuniões familiares se façam em torno de uma mesa farta e que uma criança só receba elogios quando "come tudo e não deixa nada no prato".

Existem também pessoas que comem muito por terem sido condicionadas desde a infância a comer errado. Gostam de alimentos ricos em calorias (na maioria das vezes, pobres em nutrientes) que, mesmo não sendo ingeridos em grande quantidade, apresentam enorme carga de energia (por exemplo: refrigerantes, doces, comidas gordurosas, petiscos etc).

b) Alterações psicológicas
b1) Causando compulsão pelo alimento: sem perceberem, muitas mães acabam condicionando seus fi-

lhos a comer todas as vezes em que se defrontarem com um problema ou sofrimento. Uma mãe que não é capaz de identificar o choro de seu filho (se é por uma fralda molhada, uma cólica abdominal ou uma roupinha apertada) e que automaticamente oferece o seio, uma mamadeira, um suco ou mesmo uma chupeta, pode estar propiciando á criança a associação Sofrimento-Alimento. Frente a qualquer dor física ou psicológica, ela poderá buscar alimento.

b2) Causando a perda do autocontrole: há indivíduos que, apesar de valorizarem o ato de comer (por mecanismo inato ou por hábito familiar inadequado), conseguem ter o autocontrole em relação à ingestão de alimentos, mantendo assim um bom equilíbrio entre aquisição e gasto de energia. Ocorre, entretanto, que em determinadas situações de **stress** (principal causador de uma ansiedade exagerada), esse autocontrole seja relaxado e esses indivíduos passem a compensar seus problemas com a comida. Exemplos mais comuns: problemas financeiros, doença ou morte em família, separação do casal, perda do emprego etc.

3) FALTA DE AUTO-ESTIMA

Se observarmos as crianças, veremos que muitas delas já se preocupam com o seu físico e com sua aparência (mesmo quando não orientadas pelos pais para isto) e que outras não se preocupam se a roupa está suja ou não, se estão com os cabelos penteados ou não, enfim, com a sua aparência. Na adolescência, normalmente, muitas daquelas que não tinham preocupação com o seu aspecto passam a tê-la, e aquelas onde não ocorre essa transformação própria da idade provavelmente serão adultos sem auto-estima.

A auto-estima é como o amor por si mesmo, uma preocupação constante não só por estar bem, mas principalmente por *sentir-se bem*.

4) DOENÇAS GLANDULARES

Como já foi visto, existem doenças glandulares que podem provocar uma diminuição do metabolismo, sendo coadjuvantes no desenvolvimento da obesidade, por exemplo: a doença de CUSHING (alteração de hormônios da glândula supra-renal, ovário policístico).

Concluímos, pois, que, para termos um quadro de obesidade mantida durante muito tempo, é preciso que haja uma associação de no mínimo duas das causas acima referidas. A proporção e a gravidade da obesidade irá ser uma função direta do número de causas associadas. Quanto mais fatores causais se associam, maior vai ser o grau de obesidade e mais difícil a sua solução.

b) CONSEQÜÊNCIAS

A obesidade, além de desconforto orgânico, agrava ou desencadeia inúmeras doenças. É comum vermos indivíduos, inclusive jovens, apresentando sintomas de alteração no sistema cardíaco, respiratório, locomotor, neurológico, digestivo etc., que já percorreram inúmeros especialistas para tentar a solução de seus problemas e que com o emagrecimento obtêm uma melhora geral. *Portanto podemos concluir que, mesmo que o indivíduo não seja portador de doenças próprias de cada órgão, esses órgãos têm sua função prejudicada pela "sobrecarga" a que estão submetidos pelo excesso de peso.*

Podemos citar como exemplos típicos indivíduos que ao menor esforço físico apresentam falta de ar, dores constantes nos joelhos e nas pernas ou então na coluna, alteração no sono, dificuldade no andar, distúrbios digestivos e intestinais e também depressão e falta de disposição para viver, que, quando submetidos aos exames especializados dos vários órgãos, não apresentam ainda alterações e que, normalmente, relutam em aceitar a idéia de que todos esses problemas estão diretamente ligados à obesidade. Só irão entender após terem emagrecido e estarem se sentindo melhor.

A obesidade é diretamente responsável por inúmeras alterações metabólicas, tais como: intolerância à glicose, dislipidemias (aumento de colesterol e triglicerídeos), modificação nos níveis de ácido úrico etc. Conseqüentemente, a obesidade é responsável, direta ou indiretamente, pelo aparecimento ou agravamento de doenças como diabetes, infarto do miocárdio, gota, acidentes vasculares cerebrais, cálculos da vesícula biliar e inúmeras outras, que, além de reduzirem a qualidade de vida, podem levá-lo a uma morte prematura.

Como não poderia deixar de ser, o agravamento das alterações psicológicas e comportamentais formam um círculo vicioso onde cada aumento de peso significa aumento das alterações psicológicas e vice-versa, podendo levar o indivíduo a quadros de depressão e ansiedade de difícil solução.

4. COMO ENFRENTAR

Existem duas atitudes, ao nosso ver, obrigatórias para a resolução definitiva do problema da obesidade:

PRIMEIRA - É preciso que a pessoa realmente queira deixar de ser gorda. Ela precisa estar convicta de que quer essa mudança, sem depender de apoio ou de incentivos de terceiros.

SEGUNDA - Na obesidade, como em qualquer doença em que o tratamento depende única e exclusivamente do paciente, é importante o conhecimento correto da doença, ou seja, o conhecimento das causas, do mecanismo do desenvolvimento e da persistência da obesidade, para que, a partir disso, seja possível adotar as medidas necessárias para a correção do problema.

O tratamento da obesidade só apresenta resultados a partir do momento em que o paciente tem total conhecimento da doença e deixa definitivamente de enganar-se com propostas fáceis de emagrecimento, isto é, quando ele estiver consciente que as "dietas mágicas", os "remédios para emagrecer", os "chazinhos milagrosos" não passam de verdadeiros engodos na história já tão distorcida do tratamento da obesidade.

Portanto podemos garantir que não existem fórmulas ou tratamentos mágicos para emagrecer.

Em nossa experiência médica e na literatura científica mundial, o controle dietético e a atividade física devidamente orientadas, após a tomada de consciência, são os fatores primordiais para um bom resultado.

Cabe lembrar que, como tudo em medicina, cada caso é um caso e assim deverá ser conduzido, com necessidade de maior ou menor intervenção do médico ou terapeuta. Existem, porém, normas básicas que, para a eliminação de obesidades leves, ou, principalmente, para a prevenção da obesidade, podem ser úteis, como iremos demonstrar.

NORMAS

A) NOÇÕES BÁSICAS
a) Energia/calorias

A palavra mais comentada entre os indivíduos obesos é CALORIAS. Se, porém, perguntarmos aos indivíduos o que significa "calorias", a grande maioria não saberá responder. Achamos, portanto, conveniente darmos, embora de formas simples e resumida, as devidas explicações.

Existem inúmeras escalas de medidas, usando as mais diferentes unidades. Para medir-se uma distância, usa-se metro, quilômetro, centímetro; quando se mede energia, usa-se watt, kwatt, joule, HP (ou cavalo de força), calorias.

Simplificando, quando dizemos, por exemplo, que uma usina hidrelétrica produz uma quantidade de watts (energia elétrica) e que em nossa casa gastamos uma certa quantidade de watts com nossos aparelhos elétricos, o que fazemos é utilizar a medida da unidade elétrica (watt) para compararmos a produ-

Figura 3a - Grande ingestão de alimentos e vida sedentária resultam em aumento de peso.

ção e o gasto. Da mesma maneira, quando usamos a palavra calorias, usamos uma medida de energia que está contida nos alimentos, a qual consumimos em nossa atividade diária.

É importante ficar claro que todos os alimentos têm uma certa quantidade de calorias (energia), com exceção somente da água, e que o nosso organismo consome energia (caloria) para qualquer atividade ou função, ou seja, até dormindo estaremos gastando calorias, embora gastemos mais, quanto mais ativos estivermos.

Necessário é sabermos que o cálculo do gasto de energia para qualquer pessoa é baseado em seu peso e em sua atividade. Para efeito de simplificação, mas com grande utilidade prática, têm-se, baseados na intensidade da atividade física, os seguintes conceitos:

a) Vida sedentária: quando não se faz atividade física alguma e o trabalho não exige esforço físico;

b) Vida semi-sedentária: própria de indivíduos com trabalho sedentário que praticam atividades físicas moderadas, ou de indivíduos que no trabalho empregam esforço físico moderado e não praticam exercícios programados;

c) Vida ativa: indivíduos com trabalho que exige grande esforço físico ou atletas.

Para cada uma dessas situações, calcula-se em média um gasto calórico por quilograma de peso. No caso A, calculam-se 25 calorias por quilo: no caso B, calculam-se 35 calorias por quilo e, no caso C, 45 calorias por quilo.

Assim, se comparássemos um indivíduo com

70kg, nas três situações teríamos:

a) Vida sedentária: 70kg × 25 calorias = 1.750 cal/dia;

b) Vida semi-sedentária: 70kg × 35 calorias = 2.450 cal/dia;

c) Vida ativa: 70kg × 45 calorias = 3.150 cal/dia.

Fica claro que, à medida que nos tornamos mais ativos, o nosso gasto de energia torna-se maior.

Por isso o desenvolvimento e o agravamento da obesidade é muito mais rápido.

Na *figura 3b* vemos que o balanço energético é negativo, ou seja, o indivíduo ingere menor quantidade de calorias do que as que utiliza para a sua vida. Esse exemplo é fundamental para quem pretende reduzir seu peso e, conseqüentemente, melhorar o seu padrão de saúde. Mostra clara e definitivamente que só existem duas formas de emagrecer: uma, diminuindo a ingestão calórica, e outra, aumentando a queima calórica. O ideal é a associação das duas formas.

Daremos três exemplos: o primeiro é o do indivíduo que reduz 140 calorias (o inverso do exemplo anterior) por dia, e que, após 30 dias, terá perdido 1/2 quilo e assim por diante. Lógico que se reduzir mais terá uma perda maior e mais rápida. O segundo exemplo é o do indivíduo que mantém a sua ingestão calórica, mas aumenta a sua atividade física. Podemos exemplificar: andando 1 hora por dia, quando estará gastando 400 calorias a mais, conseqüentemente em 30 dias terá gasto 12.000 calorias a mais, o que corresponde teoricamente a uma perda de

1,5kg. Lógico que se essa atividade física for mais intensa, o resultado será muito melhor. Um terceiro exemplo: se o indivíduo associar as duas formas — reduzir a ingestão calórica e aumentar a queima —, o resultado será muito mais rápido, levando-o ao seu peso-saúde ideal e melhorando a sua condição física global.

Um indivíduo de vida sedentária (25 calorias/kg), com 1,70m de altura e 84kg de peso, que vem aumentando de peso rapidamente, ao adotar um regime de 800 cal/dia em que ande durante uma hora e meia ao dia sofrerá uma mudança, que pode ser demonstrada pelos cálculos a seguir.

84kg x 25 = 2.100 cal/dia para o seu tipo de vida sedentária
1h30/dia = queima 600 calorias
REGIME = 800 calorias

Fica demonstrado que, fazendo a atividade, física, sua necessidade que era de 2100 passa a ser de 2700 calorias/dia. Como seu regime é de 800 cal/dia, o que subtraímos de 2.700 (cálculo acima), resultam 1.900 calorias por dia de déficit diário, o que significa 57.000 calorias em 30 dias, ou seja, a perda aproximadamente de 7kg.

A *figura 3c* demonstra a maneira correta de nos mantermos com peso constante e em condições de saúde. Basta equilibrarmos a ingestão calórica com a queima calórica. Essa é a chamada condição ideal de busca da saúde e de sua preservação e depende fundamentalmente de uma mudança do comportamen-

Fig. 3b - Quando se ingere menor quantidade de calorias do que se utiliza, perde-se peso.

to do indivíduo, para que aprenda a utilizar o corpo em seu próprio benefício.

Com o conhecimento do que seria sua alimentação ideal e associando a isso uma atividade física regular e constante, é possível atender ás suas necessidades psicológicas em relação aos alimentos e também gozar um bem-estar físico e mental em função de uma boa saúde e aparência.

B) REGRAS A SEREM SEGUIDAS

Essas regras são fundamentais para que o indivíduo consiga, além de um emagrecimento realizado de maneira ideal, estar preparado para iniciar a manutenção do seu peso-saúde.

A quebra em qualquer dessas regras importará numa diminuição do ritmo de emagrecimento, mas principalmente causará uma perda do seu autocontrole que é um dos fatores mais importantes para o sucesso do seu regime.

Os resultados positivos observados em nossa clínica e em consultório demonstram que aqueles indivíduos que atingiram um peso-saúde ideal e se mantêm nesse peso foram os que cumpriram fielmente as regras e as dietas estabelecidas (vide apêndice).

C) REGIME

O regime que iremos descrever atende a quem necessita, perder tanto 3 quanto 30kg ou mais. Acha-

Figura 3c - O ideal é equilibrar ingestão de alimentos e queima de calorias.

mos porém que em qualquer perda de peso é fundamental o acompanhamento médico e que para quem necessita perder mais do que 3kg, esse acompanhamento é indispensável.

Esse acompanhamento se faz necessário não só para avaliar as condições de saúde para o indivíduo iniciar um regime alimentar como também para um esclarecimento-diagnóstico de uma possível doença glandular associada (como já vimos, estas aparecem em pequena percentagem). Devemos porém sempre afastar esse diagnóstico, bem como fazer uma psicoterapia de apoio e atuar nas correções das alterações metabólicas e dietéticas, que são necessárias para que o indivíduo perca peso mas não perca a saúde.

Existem inúmeras variações na elaboração e na adoção de um regime. Trata-se basicamente de mantermos os nutrientes vitais em proporções corretas, reduzindo a quantidade de calorias ingeridas. Quanto menor a quantidade calórica, maior e mais rapidamente será a perda de peso (vide *figuras 3a, 3b e 3c*), porém quanto mais rigoroso for esse regime, mais se faz notar a necessidade do acompanhamento médico.

O regime (vide apêndice) que indicamos neste livro é de 800 calorias, sendo de fácil execução. Atende a qualquer indivíduo, ou seja, tanto aquele que gasta 1.200 calorias/dia, que terá então um déficit de 400, quanto àquele que gasta 3.000, que terá um déficit calórico de 2200.

Vale relembrar que a perda de peso é tanto mais rápida quanto maior for o déficit calórico.

5. COMO PREVENIR

A obesidade diminui a expectativa de vida. Quanto maior a obesidade, maior será a chance de o indivíduo morrer prematuramente. Inúmeros estudos realizados em todo o mundo demonstram que a obesidade desencadeia e agrava várias doenças. Esse fato é tão verdadeiro que as companhias de seguros norte-americanas (que estão acostumadas a correr riscos) levam em conta o excesso de peso no momento de fazer a apólice de seguro. A pessoa obesa paga mais caro do que uma pessoa em seu peso-saúde.

Tudo isso levamos em consideração pois, além da sobrevida do obeso ser menor do que a do indivíduo normal, ele tem seu dia-a-dia limitado por problemas físicos e psicológicos que o impedem de gozar uma vida saudável e proveitosa, portanto com quantidade e qualidade de vida menores.

Podemos comentar, por exemplo, o problema da criança gorda, que desde cedo já é rejeitada pelos coleguinhas de brincadeiras, sendo alvo de chacotas e apelidos. Por isso ele acaba se isolando, não pratica esportes em grupo, procura sempre atividades individuais e até para trocar de roupa evita a presença de outras pessoas, por vergonha do próprio corpo.

Assim vemos que o sofrimento que a obesidade traz vem desde os primeiros momentos de consciência da criança e, à medida que o indivíduo convive com a obesidade, ela se agrava e o seu sofrimento também.

A partir da infância, a obesidade é uma verdadeira escala de problemas a serem vencidos - na adolescência, no casamento, na gravidez, na criação dos filhos e na meia-idade, quando inúmeras doenças aparecem precocemente.

Em qualquer dessas fases sempre será possível o tratamento e a recuperação do obeso, porém quanto maior for o grau de obesidade e quanto maior for o tempo de convivência com a obesidade, mais difícil será atingir esse objetivo.

Como tudo em medicina, porém, sempre será melhor a prevenção que, para efeito didático, pode ser dividida em:

A) PREVENÇÃO DA OBESIDADE NA INFÂNCIA

É fundamental que os pais tenham a segurança suficiente para tomar algumas atitudes que contrariem alguns conceitos errados e já enraizados entre os mais velhos. A superalimentação desde essa idade acaba gerando um aumento das células gordurosas (adiposas) que praticamente "condena" essa criança a ser um adolescente e um adulto obesos, na maioria das vezes.

É necessário que os pais tenham uma alimentação adequada para que possam transferir a seus filhos uma alimentação ideal, usando alimentos ricos em nutrientes e sem excesso de calorias, evitando abusar de açúcar, refrigerantes, doces, chocolates, salgadinhos empacotados, que são "preferidos" pelas crianças, em virtude da propaganda. E não se deixar seduzir pela facilidade de substituir um prato de legumes com filé de peixe por um doce ou um pacotinho de batata frita, um suco de frutas naturais por um suco artificial extremamente açucarado, no caso de recém-nascidos.

A nosso ver, a alimentação deve iniciar-se com aleitamento materno, cujo balanço de calorias e nutrientes é o ideal, e, a partir do desmame, devem ser introduzidos alimentos sempre com o objetivo de nutrir adequadamente sem causar excesso de peso. O pediatra experiente saberá orientá-la de forma adequada no entanto, dada a finalidade deste livro, daremos algumas orientações gerais para a adequada nutrição e um início de vida saudável.

1) Colocar sempre à mesa alimentos como verdura legumes, frutas, carnes, leite e derivados, que a criança pode comer a vontade.

2) Não forçar a criança a ingerir alimentos (nem os do item 1), deixando que ela vá progressivamente aprendendo a gostar deles.

3) Evitar transmitir aos filhos hábitos alimentares errados, tais como não ingerir verduras e demonstrar desprazer se tiver de fazê-lo, dizendo: "verdura é para velho", ou, "eu não gosto de mato".

4) Não premiar a criança com guloseimas, pro-

curando discipliná-la a comer esses alimentos em determinados dias da semana (por exemplo: uma vez por semana e nos finais de semana).

5) Estimular desde a infância a prática de atividades físicas.

6) Estimular a auto-estima na crinça, valorizando a aparência e a saúde.

7) Dar exemplo. Os pais são os indivíduos que mais influem no desenvolvimento do comportamento dos filhos, eles são os padrões em que os filhos se baseiam. *"Comam o que eu como e façam o que eu faço"* - deve ser o lema familiar.

B) A PREVENÇÃO DA OBESIDADE NA ADOLESCÊNCIA E NO ADULTO

Se o indivíduo chegar até essas fases sem ter um excesso de peso, a prevenção torna-se extremamente fácil, principalmente naqueles onde a auto-estima se encontra bem estabelecida. Damos, a seguir, regras gerais para a prevenção.

1) ATIVIDADE FÍSICA. É fundamental para a manutenção de peso, para o desenvolvimento estrutural e para uma condição de promoção e preservação da saúde. Nos adolescentes, a atividade física deve ser diária e, no adulto, no mínimo quatro vezes por semana. É comum vermos que as crianças, principalmente as meninas, abandonam as atividades físicas em busca das atividades sociais (namoro, bailinhos etc), diminuindo a queima de calorias. Assim, embora mantenham o mesmo nível de alimentação, acabam ganhando peso. Esse fato também ocorre em algumas fases na vida de um adulto (casamento, formatura, etc).

2) *ALIMENTAÇÃO CORRETA*. Aos indivíduos que vêm com orientação correta dos pais ou áqueles que chegam a essa fase com peso ideal em função de um controle inato, aconselhamos *a manter os bons hábitos*. Isso porque é na adolescência que começam a surgir os maus hábitos" - alimentação em lanchonetes, uso abusivo de refrigerantes e bebidas alcóolicas, chegando ao ponto de trocar uma alimentação saudável por um cheese-burger e um refrigerante. Mesmo nos casos em que há orientação, é comum essa mudança em função da própria idade e, quando não ocorre, o problema é maior. Aconselhamos que esses comportamentos só sejam permitidos em alguns dias da semana.

3) *MANUTENÇÃO DO EQUILÍBRIO EMOCIONAL*. É comum em algumas épocas da vida que o indivíduo tenha de enfrentar situações desagradáveis, tais como conflitos da própria adolescência, casamento mal sucedido, doenças e morte na família e, na mulher, a gravidez. Isto acaba levando a um desgaste emocional e impedindo as pessoas de continuarem a exercer um controle sobre suas vontades e seu comportamento. *Nessas fases, torna-se comum o abuso de bebidas, drogas e principalmente de alimentos, com conseqüente dano para o organismo. Necessário se faz o apoio familiar e/ou psicoterápico para sua prevenção.*

6. PALAVRAS FINAIS

De acordo com a Organização Mundial de Saúde, conceitua-se saúde como: "estado de completo bem-estar físico, psíquico e social do indivíduo". Pode-se, portanto, concluir que um indivíduo obeso é considerado saudável, no aspecto puramente físico. O desconforto que a obesidade causa como também as inúmeras doenças originadas ou agravadas pelo excesso de peso, a depressão em razão das discriminações sociais (dificuldade de relacionamento desde a infância até a idade adulta), e às vezes a marginalização, determinam um estado de constante insatisfação pessoal.

A obesidade impõe aborrecimentos nas situações mais comuns do nosso dia-a-dia. Por exemplo: a frustração de uma mulher ao entrar em uma loja e não conseguir uma roupa que lhe sirva; o constrangimento em colocar um maiô para ir à piscina ou à praia; o medo e a insegurança de entrar em um elevador ou num ônibus; o medo de se expor ao atravessar um salão ou receber um cumprimento; a sensação de que em um restaurante todos "estarão vigiando" o quanto vai comer. A obesidade acarreta um constante sentimento de culpa, tanto em relação à própria gordura que foi gerada e é mantida por falta de força de vontade como pelos fracassos acumulados em todas as tentativas de mudar essa situação.

É fundamental, portanto, que o indivíduo evite entrar na "roda viva da obesidade", onde ele se pune por estar gordo, cada vez engorda mais e fica se punindo por isso.

As inúmeras dificuldades que o obeso enfrenta para ter uma vida normal acabam causando grandes dramas e traumas de difícil solução, pois envolvem várias pessoas e situações, o que leva à triste conclusão de que, geralmente "por trás de uma pessoa obesa existe uma pessoa infeliz".

Achamos fundamental chamar a atenção para essa constante: na ânsia de emagrecer sem sacrifício, o obeso procura sempre um caminho mais fácil, não aceitando abrir mão de alguns hábitos adquiridos, tentando utilizar-se de regimes e remédios milagrosos, que lhe permitem comer de tudo, na quantia que desejar, não fazer ginástica e ainda emagrecer. Infelizmente essa ilusão ainda não foi totalmente afastada...

A maneira correta de nos mantermos saudáveis depende basicamente da maneira como nós encaramos a vida e do nosso comportamento, pois não basta termos órgãos normais, é necessário que possamos nos sentir bem. Estamos com Schopenhauer: "A saúde não é tudo, mas tudo não é nada sem a saúde"

7. TIRE SUAS DÚVIDAS

1- Qualquer pessoa pode fazer exercícios físicos? Qual o melhor?

Em princípio, qualquer pessoa pode e deve praticar exercícios físicos. Porém cabe ressaltar que antes de iniciar uma prática de exercícios deveria passar por uma avaliação médica, mormente os principiantes e os indivíduos que se encontram inativos há muito tempo.

Como regras gerais, podemos dizer que devem ser regulares e constantes e que a atividade deve ser descontraída e apresentar um caráter de integração social.

Portanto o melhor é a caminhada ou a corrida leve. Podem ser feitos em qualquer lugar e proporcionar uma melhora da condição cárdio-pulmonar, uma boa perda calórica e uma redução do **stress** com suas conseqüências. Vale lembrar, como forma simples e objetiva de avaliarmos a intensidade dessa nossa atividade física, que possamos falar sem perder o fôlego.

2- Para que tipo de atividade física devemos orientar as crianças?

Estão totalmente provados os benefícios que a atividade física proporciona ao ser humano em toda e qualquer fase da vida. A atividade física propicia um desenvolvimento físico e psíquico harmonioso para as crianças e adolescentes. Basicamente, a atividade física exercida pela criança não deve ser imposta, ou seja não devemos atuar como mecanismo de pressão para o exercício dessa ou daquela atividade, deixando a criança livre para as atividades de que mais gosta, não nos preocupando em colocá-la em competições. Claro que, se a criança tiver aptidão e desejo para participar de competições, deve ser submetida a um exame geral orgânico e ortopédico para podermos excluir possíveis alterações. Vale lembrar Claparéde (1937): "A criança não é um adulto em miniatura, e sua mentalidade não é somente quantitativa mas também qualitativamente diferente da dos adultos, de modo que uma criança não é somente menor mas também diferente".

3- Nervosismo engorda? (V. página 22)

4- O que é metabolismo?

É o conjunto das funções orgânicas responsáveis pelo anabolismo e pelo catabolismo do indivíduo. Em outras palavras, é a capacidade do nosso organismo de retirar dos alimentos a energia e as substâncias necessárias para o seu próprio funcionamento, bem como a maneira pela qual ele utiliza essa energia e essas substâncias para que nos mantenhamos vivos e saudáveis. Portanto as alterações que ocorrem em nosso metabolismo podem desencadear ou agravar diversas doenças.

5- Qual a melhor dieta para emagrecer?

Procuramos em todo este trabalho demonstrar que para alguém perder peso só existem duas formas: diminuir a ingestão de alimentos ou aumentar a atividade física e que o ideal é unirmos as duas. Portanto uma dieta deverá sempre ter suficiente redução do valor calórico total.

6 - Quais os problemas físicos trazidos pela obesidade? (V. página 53)

7 - Todas as pessoas gordas têm problema glandular? (V. página 17)

8 - É comum pessoas comerem muito e não engordarem? (V. página 18)

9 - Tomar água às refeições engorda?
(V. página 24)

8. APÊNDICE

Neste apêndice, procuramos dar as regras gerais e ó regime de 800 calorias, que certamente ajudarão a solucionar o problema da obesidade. Anexamos, ainda, informações sucintas sobre alimentos e atividades.

LEIA COM ATENÇÃO

O bom resultado de um tratamento depende da maneira como ele é encarado e posteriormente realizado. É muito importante que se estabeleça, como meta, o peso ideal e sua manutenção. Até que seja atingida essa meta, o regime não deve ser interrompido ou alterado em situação alguma. Só assim haverá uma sensível diminuição de peso, num tempo menor, e um condicionamento adequado à sua manutenção.

REGRAS GERAIS

1- A quebra do regime importará em diminuição da autoconfiança e do autocondicionamento psicológico, bem como numa alteração do quadro metabólico. Pela ausência de fome passa-se a sentir fome e comer nos dias subseqüentes, desenvolvendo um grande sentimento de culpa e provocando um desequilíbrio emocional maior ainda.

2 - É importante que o regime seja feito até atingir o peso ideal sem nenhum erro alimentar, para atingir um bom condicionamento físico e psicológico para manutenção do peso.

3- A irritação e o nervosismo, que poderão ocorrer durante o regime, provavelmente são os devidos às privações alimentares e mudanças de hábitos que o regime impõe. Mas é importante lembrar que tais sintomas são temporários e que as frustrações, a ansiedade e a infelicidade que a obesidade traz são permanentes.

4- Sintomas como tontura, boca amarga, sensação de fraqueza poderão ocorrer durante o regime. Isto é devido alterações no equilíbrio hidrossalino e metabólico que estão ocorrendo no organismo. No caso de tontura, deve-se comer uma fatia de tomate com sal nos intervalos das refeições.

5- É muito importante que se entenda a diferença entre um regime para perder peso e uma alimentação adequada para manter o peso. Não devemos acreditar que podemos emagrecer fazendo um regime irregular ou que, para manter o peso, é necessário fazer regime a vida toda.

6- O regime termina quando se atinge o peso-saúde ideal. A partir daí, um novo comportamento alimentar deve ser adotado.

7- A atividade física deve ser no mínimo de uma hora diária de caminhada e ginástica de três vezes por semana para que se aumente a queima de calorias e se impeça ou melhore a flacidez que poderá ocorrer com a perda de peso. A ginástica deve ser desenvolvida com acompanhamento especializado, preferencialmente em academias especializadas.

8- Os alimentos relacionados a seguir não devem ser ingeridos nem mesmo em quantidades pequenas:

— DOCE (sorvetes, bolacha, chocolates)
— AÇÚCAR
— MANTEIGA
— FRITURAS
— CARNE GORDA
— ALIMENTOS OLEOSOS
— MAIONESE
— CREMES OU MOLHOS
— MASSAS (excetuando as incluídas no regime)
— REQUEIJÃO
— REFRIGERANTES
— BEBIDAS ALCOÓLICAS
— CASTANHAS EM GERAL
— AZEITONAS
— CANAPÉS
— FRIOS
— AMENDOIM
— FARINHAS

9- Os alimentos que vão fazer parte do cardápio devem ser pesados ou medidos de acordo com as recomendações em anexo. No caso das carnes, deverão ser sempre pesadas, evitando-se as medidas caseiras.

10- No preparo da dieta, poderão ser usados quase todos os temperos: sal, limão, vinagre, cebola, alho, cheiro verde à vontade. No caso do óleo, observar a quantidade de 1 colher das de café para cada prato e usar somente os de origem vegetal: milho, soja, arroz algodão, girassol etc.

11- O açúcar e o mel não são permitidos e devem ser substituídos por adoçante artificial.

12- Molhos brancos ou pardos bem como a maionese não são permitidos, podem ser substituídos por molhos de tomates e cebolas.

13- Os refrigerantes (inclusive a água tônica e sucos) não são permitidos. Devem ser substituídos por água com ou sem gás, limonadas, suco de maracujá, mate ou refrescos artificiais, em qualquer quantidade, desde que não tenham açúcar, podendo ser adoçados com adoçantes artificiais.

14- Deve-se usar frigideira anti-aderente no preparo de carnes, evitando, assim, o uso de óleo, ou preparar a carne cozida, assada ou grelhada.

15- As sopas são permitidas, desde que feitas com as quantidades de carnes, legumes e verduras indicadas para o almoço ou jantar.

16- O álcool não é permitido em hipótese alguma durante a dieta, devido aos efeitos hipoglicêmicos e ao alto valor calórico.

17- É importante que as dietas sejam feitas nos horários estipulados. Caso não se esteja com fome, deve-se comer parte da refeição para não chegar com fome exagerada na próxima refeição.

18- Deve-se usar criatividade para fazer os pratos. Não é preciso comer um bife esturricado e uma salada de alface para estar fazedo um bom regime. Deve-se usar vegetais recheados, mudar o tipo de carne, variar as verduras (berinjelas ou pimentões recheados, bacalhoada, peru, frango, peixe assado).

19- O leite deve ser sempre desnatado. Não sendo possível, deve-se desnatar o leite da seguinte forma: batê-lo até que forme espuma na sua superfície, retirar-se a espuma e o leite está desnatado.

20- Os produtos dietéticos, com exceção do adoçante, não devem fazer parte dessa dieta, por que esses produtos não contêm açúcar, mas, para esse regime, contêm proporcionalmente uma grande quantidade de caloria.

21- É necessario que se faça a dieta todos os dias, inclusive nos fins de semanas. Não se deve esquecer que mesmo nos restaurantes existem alimentos que constam da dieta.

22- A água, o café, o chá, desde que sem açúcar ou com adoçante, podem ser tomados na quantidade desejada.

23- Poderá ser usada gelatina (em folha ou em pó) sem sabor, acrescentando-se suco de limão ou de maracujá, refresco artificial e adoçante artificial. A gelatina pode ser ingerida após almoço e jantar ou como componente do lanche.

24- Verduras, frutas, torradas, queijo, carnes e outros alimentos (que constam desta dieta) que tenham poucas calorias não devem ser ingeridos em quantidade maior que a indicada ou fora do horário, mesmo em pequena quantidade (será considerado como quebra de regime).

25- Todos os alimentos têm um determinado valor calórico, com exceção da água. Alguns alimentos que constam desta dieta e que possuem valor calórico muito baixo estão indicados como 0 (zero) calorias.

26- Quando o desjejum for feito após o horário indicado, o mesmo deverá ser reduzido à metade da quantidade indicada.

27- O retorno à consulta deve ser feito entre 30 a 40 dias, regularmente, até atingir o peso para iniciar a manutenção, e não deve estar condicionado à perda de peso no mês, pois, na hipótese de não se ter conseguido um bom resultado, mais do que nunca se necessita de orientação e de se assumir um novo compromisso para a continuidade do tratamento.

28- A verificação do peso só poderá ser feita a cada consulta ou a cada 30 dias, pra que não se crie nervosismo ou entusiasmo em função da perda de peso obtida, correspondendo ou não a sua expectativa e, portanto, influindo na continuidade do regime.

29- Deve-se ter auto-confiança

HORÁRIOS A SEREM SEGUIDOS:

— DESJEJUM — entre
— ALMOÇO — entre 11h30min e 13h
— LANCHE — entre 15h e 16h
— JANTAR — entre 18h e 19h30min
— CEIA — entre 21h e 23h

SEGUNDA-FEIRA

• DESJEJUM

Café com leite desnatado	uma xícara: 1/3 café, 2/3 leite	50 Cal
Biscoito água e sal	uma unidade 6g	30 Cal
Queijo branco fresco	uma fatia fina 25g	75 Cal
	TOTAL	155 Cal

- **ALMOÇO**
  Filé acebolado com legumes:
Carne magra	um filé de 100g	150 Cal
Palmito	um pires de café 130g....	35 Cal
Alface	um prato de mesa 120g..	25 Cal
Sobremesa: laranja	uma unid. média 100g....	50 Cal
	TOTAL	260 Cal

- **LANCHE**
Abacaxi	uma fatia média 80g........	50 Cal

- **JANTAR**
  Omelete c/ queijo e salada de tomate:
Ovos	duas unidades. peq.-100g	150 Cal
Queijo branco fresco	uma fatia-20g..................	75 Cal
Tomate	três unid.peq.-140g	35 Cal
Sobremesa: gelatina	uma forma peq.	15 Cal
	TOTAL	275 Cal

- **CEIA**
Maçã	1/2 unid. grande	50 Cal
	TOTAL	790 cal

TERÇA-FEIRA

- **DESJEJUM**

Café ou Chá	à vontade	0 Cal
Torrada	duas fatias - 5g	30 Cal
Ricota	uma fatia média - 40g	75 Cal
Melão	uma fatia grande-200g......	50 Cal
	TOTAL	155 Cal

- **ALMOÇO**
  Frango Assado com Arroz e Legumes:
Frango	uma coxa e antecoxa peq.-100g.	150 Cal

Arroz	duas colheres de sopa-40g	70 Cal
Abobrinha	uma unid. peq.cozida-100g..................	35 Cal
Sobremesa: gelatina	uma forma peq.................	15 Cal
	TOTAL	270 Cal

- **LANCHE**

Melancia	uma fatia grande-150g......	50 Cal

- **JANTAR**

Caldo de carne com legumes:

Músculo	160g	150 Cal
Cenoura	uma unid. média-80g........	35 Cal
Ervilha	três colheres (sopa)-60g....	35 Cal
Repolho	um prato (sobremesa)-80g.	25 Cal
Sobremesa: gelatina	uma forma peq.................	15 Cal
	TOTAL	260 Cal

- **CEIA**

Mamão	uma fatia média-75g.........	50 Cal
	TOTAL	785 Cal

QUARTA-FEIRA

- **DESJEJUM**

Café ou chá	à vontade...........................	0 Cal
Ovo quente ou cozido	uma unid. pequena-50g.....	75 Cal
Suco de laranja	uma unid. média-100g.......	50 Cal
Cenoura	uma unid. média-80g	35 Cal
	TOTAL	160 Cal

- **ALMOÇO**

Bacalhau com legumes:

Bacalhau	uma posta de 160g hidratado	150 Cal
Batata	uma unid. peq. 45g............	35 Cal

Cenoura	uma unid. média-80g	35 Cal
Brócolo	pires de chá-60g	25 Cal
Sobremesa: gelatina	uma forma peq.	15 Cal
	TOTAL	260 Cal

- **LANCHE**

  Banana nanica
  ou maçã   uma unid.peq.-50g ....   50 Cal

- **JANTAR**

  Chuchu recheado com carne e legumes:

Carne magra moída	100g	150 Cal
Chuchu	uma unid.peq.-100g	35 Cal
Cenoura	uma unid. média-80g	35 Cal
Sobremesa: goiaba	uma unid. peq.-70g............	50 Cal
	TOTAL	270 Cal

- **CEIA**

  Suco de laranja
  ou uma laranja   uma unid.-100g ....   50 Cal

                                           TOTAL   790 Cal

QUINTA-FEIRA

- **DESJEJUM**

Café ou chá	à vontade	0 Cal
Iorgute Natural	1/2 copo-50g	150 Cal
Biscoito água e sal	uma unidade-6g	35 Cal
	TOTAL	185 Cal

- **ALMOÇO-**

  Panqueca* com arroz:

Carne moída magra	100g	150 Cal
Ovo	uma unid. média - 50g	75 Cal
Arroz	uma colher (sopa) - 20g.....	35 Cal
Sobremesa: limonada	um copo americano	0 Cal
	TOTAL	260 Cal

* Modo de fazer a panqueca para quatro pessoas:
RECHEIO:
Carne moída- refogar a carne com o tempero de cebola, alho e cheiro-verde.

- **LANCHE**

  Uva itália — dez unid. média-70g .... 50 Cal

- **JANTAR**

  Filé de frango com creme de espinafre:

Frango	um filé de 100g	150 Cal
Espinafre	um prato (sobremesa)-100g	35 Cal
Creme de espinafre*	....	50 Cal
Sobremesa: pêssego	duas unidades médias - 100g....................	50 Cal
	TOTAL	265 Cal

- **CEIA**

  Melão — uma fatia média-200g .... 50 Cal

  TOTAL 825 Cal

SEXTA-FEIRA

- **DESJEJUM**

Café ou chá	à vontade	0 Cal
Omelete	dois ovos pequenos-100g ..	150 Cal
Biscoito água e sal	uma unidade-6g	30 Cal
	TOTAL	180 Cal

* Modo de fazer e ingredientes p/ preparo do creme de espinafre:

Leite	1/3 de copo......................	25 Cal
Farinha de trigo	uma colher de chá-5g	20 Cal
Cebola	uma fatia média-10g	5 Cal

Lavar o espinafre e cozinhar em água pura e depois escorrer a água e guardá-la, refogar depois a cebola e voltar a água à panela com o espinafre; misturar o leite e a farinha. Sal a gosto.

- **ALMOÇO**
  Abobrinha recheada com arroz e salada:
Carne moída magra	100g	150 Cal
Abobrinha	uma unid. média-100g	35 Cal
Arroz	uma colher (sopa)-20g	35 Cal
Alface	um prato (mesa)-120g	25 Cal
Sobremesa: gelatina	uma forma peq	15 Cal
	TOTAL	260 Cal

- **LANCHE**
Laranja	uma unid.média-100g	50 Cal

- **JANTAR**
  Filé de peixe com purê de batata:
Pescada	dois filés-170g	150 Cal
Batata	uma unid. peq.-45g	35 Cal
Alface	um prato (mesa)-120g	25 Cal
Sobremesa: abacaxi	uma fatia média-80g	50 Cal
	TOTAL	260 Cal

- **CEIA**
Leite desnatado	2/3 copo americano	50 Cal
	TOTAL	805 Cal

SÁBADO

- **DESJEJUM**
  SUCO:
Leite desnatado	2/3 copo americano	50 Cal
Mamão	uma fatia média 75g	50 Cal
Biscoito água e sal	duas unidades 6g	30 Cal
Patê de legumes	uma colher de sopa 13g	20 Cal
	TOTAL	150 Cal

- **ALMOÇO**
  Macarrão à bolognesa:

Carne	100g	150 Cal
Macarrão cozido	três colheres (sopa)-50g	75 Cal
Molho de tomate	três unid. média-140g	35 Cal
Sobremesa: gelatina	uma forma peq	15 Cal
	TOTAL	275 Cal

- LANCHE

Leite	(desnatado) 2/3 de copo....	50 Cal

- JANTAR

Fígado à veneziana e Brócolo:

Fígado (em tiras)	120g	150 Cal
Brócolo (cozido)	um pires (chá)-60g	25 Cal
Molho: cebolas	uma unid. grande 100g	35 Cal
Pimentão	duas unid. média-120g	35 Cal
Tomate	três unid. médias-140g	35 Cal
Sobremesa: Limonada	um copo com adoçante	0 Cal
	TOTAL	280 Cal

- CEIA

Abacaxi	uma fatia média-80g..........	50 Cal
	TOTAL	805 Cal

DOMINGO

- DESJEJUM

Café com leite desnatado	1 xícara-1/3 café 2/3 leite.	50 Cal
Presunto	uma fatia fina-25g	75 Cal
Biscoito água e sal	uma unidade-6g	30 Cal
	TOTAL	155 Cal

- ALMOÇO

Picanha grelhada com arroz:

Picanha	magra-100g......................	150 Cal

Arroz cozido	duas colheres (sopa)-80g...	70 Cal
Alface	um prato (mesa)-120g.......	25 Cal
Tomate	três unid. médias-140g	35 Cal
Sobremesa: limonada	um copo americano	0 Cal
	TOTAL	280 Cal

- **LANCHE**

Gelatina	uma forma peq................	15 Cal

- **JANTAR**

Canja de frango:		
Carne de frango (desfiada)	100g	150 Cal
Arroz cozido	duas colheres (sopa)-80g...	70 Cal
Sobremesa: melão	uma fatia média-200g.......	50 Cal
	TOTAL	270 Cal

- **CEIA**

Banana cozida	uma unidade peq..............	50 Cal
	TOTAL	770 Cal

- **DESJEJUM**

SEGUNDA

Café com leite desnatado	1 xícara-1/3 café 2/3 leite .	50 Cal
Biscoito água e sal	uma unidade-6g	30 Cal
Queijo branco fresco	uma fatia fina-25g.............	75 Cal
	TOTAL	155 Cal

TERÇA

Café ou chá	à vontade	0 Cal
Torrada	duas fatias-5g...................	30 Cal
Ricota	uma fatia média-40g..........	75 Cal
Melão	uma fatia grande-200g......	50 Cal
	TOTAL	155 Cal

QUARTA

Café ou chá	à vontade	0 Cal
Ovo quente ou cozido	uma unid. pequena-50g	75 Cal
Suco de laranja	uma unid. média-100g......	50 Cal
Cenoura	uma unid. média-80g........	35 Cal
	TOTAL	160 Cal

QUINTA

Café ou chá	à vontade	0 Cal
Iogurte natural	1/2 copo-50g	150 Cal
Biscoito água e sal	uma unidade-6g	30 Cal
	TOTAL	185 Cal

SEXTA

Café ou chá	à vontade	0 Cal
Omelete	dois ovos pequenos-100g..	150 Cal
Biscoito água e sal	uma unidade-6g	15 Cal
	TOTAL	165 Cal

SÁBADO

Suco: Leite	um copo americano	50 Cal
Mamão	uma fatia média-75g.........	50 Cal
Biscoito água e sal	uma unidade-6g	30 Cal
Patê de legumes	uma colher (sopa)-13g	20 Cal
	TOTAL	150 Cal

DOMINGO

Café com leite desnatado	1 xícara-1/3 café 2/3 leite .	50 Cal
Presunto	uma fatia fina-25g	75 Cal
Bolacha água e sal	uma unidade-6g	30 Cal
	TOTAL	155 Cal

- ALMOÇO

SEGUNDA

Filé acebolado com legumes:

Carne magra	um filé de 100g	150 Cal
Palmito	um pires (café)-130g	35 Cal
Alface	um prato (mesa)-120g	25 Cal
Sobremesa: laranja	uma unid. média 100g	50 Cal
	TOTAL	260 Cal

TERÇA

Frango assado com arroz e legumes:

Frango	uma coxa e antecoxa peq.100g	150 Cal
Arroz	duas colheres (sopa)-40g...	70 Cal
Abobrinha	uma unid. peq. cozida-100g	35 Cal
Sobremesa: gelatina	uma forma peq	15 Cal
	TOTAL	270 Cal

QUARTA

Bacalhau com legumes:

Bacalhau	uma posta de 160g hidratado	150 Cal
Batata	uma unid. peq.-45g	35 Cal
Cenoura	uma unid.média-80g	35 Cal
Brócolo	uma pires média-80g	25 Cal
Sobremesa: gelatina	uma forma peq	15 Cal
	TOTAL	260 Cal

QUINTA

Panqueca com arroz:

Carne moída magra	100g	150 Cal
Ovo	uma unid. peq.-50g	75 Cal
Arroz	uma colher (sopa)-20g	35 Cal
Sobremesa: limonada	um copo americano	0 Cal
	TOTAL	260 Cal

SEXTA

Abobrinha recheada com arroz e salada:

Carne moída magra	100g	150 Cal
Abobrinha	uma unid. média-100g	35 Cal

Arroz	uma colher (sopa)-20g......	35 Cal
Alface	um prato (mesa)-120g.......	25 Cal
Sobremesa: gelatina	uma forma peq.	15 Cal
	TOTAL	260 Cal

SÁBADO

Macarrão à bolognesa

Carne	100g	150 Cal
Macarrão cozido	três colheres (sopa)-50g....	75 Cal
Molho de tomate	três unid. médias-140g	35 Cal
Sobremesa: gelatina	uma forma pequena..........	15 Cal
	TOTAL	275 Cal

DOMINGO

Picanha grelhada com arroz:

Picanha	magra 100g	150 Cal
Arroz cozido	duas colheres (sopa)-80g...	70 Cal
Alface	um prato (mesa)-120g.......	25 Cal
Tomate	três unid. médias-140g	35 Cal
Sobremesa: limonada	um copo americano	0 Cal
	TOTAL	280 Cal

• **LANCHE**

SEGUNDA

Abacaxi	uma fatia média-80g.........	50 Cal

TERÇA

Melancia	uma fatia grande 150g......	50 Cal

QUARTA

Banana nanica ou maçã	uma unid. peq.-50g...........	50 Cal

QUINTA

Uva itália	dez unid. médias-70g	50 Cal

SEXTA

Laranja	uma unid. média-100g......	50 Cal

SÁBADO

Leite	(desnatado) 2/3 de copo ...	50 Cal

DOMINGO

Gelatina	uma forma peq.	15 Cal

• JANTAR

SEGUNDA

Omelete c/ queijo e salada de tomate:

Ovos	duas unid. peq.-100g	150 Cal
Queijo branco fresco	uma fatia-20g	75 Cal
Tomate	três unid. peq.-140g	35 Cal
Sobremesa: gelatina	uma forma peq	15 Cal
	TOTAL	275 Cal

TERÇA

Caldo de carne com legumes:

Músculo	160g	150 Cal
Cenoura	uma unid. média-80g	35 Cal
Ervilha	três colheres (sopa)-60g	35 Cal
Repolho	um prato (sobremesa)-80g.	25 Cal
Sobremesa: gelatina	uma forma peq	15 Cal
	TOTAL	260 Cal

QUARTA

Chuchu recheado com carne e legumes:

Carne magra moída	100g	150 Cal
Chuchu	uma unid. peq.-100g	35 Cal
Cenoura	uma unid. média-80g	35 Cal
Sobremesa: goiaba	uma unid. peq.-70g	50 Cal
	TOTAL	270 Cal

QUINTA

Filé de frango com creme de espinafre:

Frango	um filé 100g.....................	150 Cal
Espinafre	um prato (sobremesa)-100g	35 Cal
Creme de espinafre	....	50 Cal
Sobremesa: pêssego	duas unidades médias 100g	50 Cal
	TOTAL	265 Cal

SEXTA

Filé de peixe com purê de batata:

Pescada	dois filés-170g	150 Cal
Batata	uma unid. peq.-45g..........	35 Cal
Alface	um prato (mesa)-120g.......	25 Cal
Sobremesa: abacaxi	uma fatia média-80g.........	50 Cal
	TOTAL	260 Cal

SÁBADO

Fígado à veneziana e brócolo:

Fígado (em tiras)	-120g	150 Cal
Brócolo (cozido)	um pires (chá)-60g	25 Cal
Molho: Cebola	uma unid. grande-100g.....	35 Cal
Pimentão	duas unid. médias-120g	35 Cal
Tomate	três unid. médias-140g	35 Cal
Sobremesa: limonada	um copo com adoçante....	0 Cal
	TOTAL	280 Cal

DOMINGO

Canja de frango:

Carne de frango (desfiada)	100g	150 Cal

Arroz cozido	duas colheres (sopa)-80g...	70 Cal
Sobremesa: melão	uma fatia média-200g......●	50 Cal
	TOTAL	270 Cal

- **CEIA**

SEGUNDA
Maçã	1/2 unid. grande	50 Cal

TERÇA
Mamão	uma fatia média-75g.........	50 Cal

QUARTA
Suco de laranja ou uma laranja	uma unid.-100g................	50 Cal

QUINTA
Melão	uma fatia média-200g.......	50 Cal

SEXTA
Leite	(desnatado) 2/3 copo americano	50 Cal

SÁBADO
Abacaxi	uma fatia média-80g.........	50 Cal

DOMINGO
Banana cozida	uma unidade peq.	50 Cal

A seguir forneceremos os valores calóricos dos alimentos, bem como sugestão sobre a execução diária do seu regime.

CLASSIFICAÇÃO DOS ALIMENTOS QUANTO AO VALOR CALÓRICO TOTAL
GRUPO 1- 25 CALORIAS

Alimentos crus	Quantidade em gramas	Medidas caseiras em gramas
Acelga (picada)	100g	1 prato de sobremesa
Aipo	100g	1 pires de chá
Agrião	100g	1 prato de mesa (cheio)
Alface	120g	1 prato de mesa (cheio)
Almeirão (picado)	150g	1 prato de sobremesa
Alcachofra	90g	1 unidade pequena
Azedinha	90g	1 prato de sobremesa
Bertalha	130g	1 prato de mesa
Bredo	60g	1 pires de chá
Broto de abóbora	100g	1 prato de sobremesa
Broto de chuchu	90g	1 prato de sobremesa
Broto de feijão	40g	1 pires de chá
Brócoli (picado)	60g	1 pires de chá
Cebolinha	80g	1 prato de sobremesa
Chicórea (picada)	100g	1 prato de sobremesa
Couve (picada)	100g	1 prato de sopa
Couve-flor	80g	1 pires de chá
Caruru	60g	1 pires de chá
Cheiro-verde	70g	1 pires de chá
Coentro	60g	1 pires de chá
Couve brócolos	80g	1 prato de sobremesa
Couve chinesa	150g	1 prato de mesa
Couve-de-bruxelas	50g	1 pires de chá
Erva-doce	130g	1 prato de sobremesa
Escarola (picada)	100g	1 prato de mesa
Espinafre	100g	1 prato de sobremesa
Jambu	80g	1 pires de chá
Mastruço	60g	1 pires de chá
Mostarda (picada)	80g	1 prato de mesa

Nabiça	90g	1 pires de chá
Ora-pro-nobis	100g	1 prato de mesa
Palma	80g	1 pires de chá
Salsa	60g	1 pires de chá
Serralha	130g	1 prato de mesa
Repolho (picado)	80g	1 prato de sobremesa

CLASSIFICAÇÃO DOS ALIMENTOS QUANTO AO VALOR CALÓRICO TOTAL
GRUPO 2- 35 CALORIAS

Alimentos crus	Quantidade em gramas	Medidas caseiras
Abóbora (picada)	100g	1 pires de chá
Abobrinha (picada)	100g	1 pires de chá
Alcachofra (picada)	50g	1 unid. tamanho médio
Alho-poró	60g	1 unid. tamanho grande
Aspargo	20g	1 prato de sobremesa
Azeitona	20g	3 unid. de tamanho médio
Berinjela	120g	1 unid. tamanho pequeno
Broto de bambu	120g	6 colheres de sopa
Broto de feijão	60g	3 colheres de sopa
Beterraba	80g	1 unid. tamanho pequeno
Cenoura	80g	1 unid. tamanho médio
Chuchu	100g	1/2 unid. tamanho médio
Cebola	100g	1 unid. grande
Cogumelo	120g	1 prato de sobremesa
Ervilha (enlatada)	60g	3 colheres de sopa
Ervilha fresca	30g	2 colheres de sopa
Favas (grão verde)	30g	2 colheres de sopa
Inhame	50g	1 unid. tamanho pequeno
Jiló	90g	1 pires de chá (médio)

Moranga	100g	2 unid. tamanho médio
Milho	30g	2 colheres de sopa
Nabo	80g	2 unid. tamanho médio
Palmito (enlatado)	130g	1 prato de sobremesa
Palmito fresco	80g	1 pires de chá (cheio)
Pepino	200g	1 unid. tamanho pequeno
Pimentão	120g	2 unid. tamanho médio
Quiabo (picado)	100g	1 pires de chá
Rabanete	140g	6 unid. tamanho médio
Tomate	140g	3 unid. tamanho pequeno
Vagem (picada)	80g	1 pires de café

CLASSIFICAÇÃO DOS ALIMENTOS AO VALOR CALÓRICO TOTAL
GRUPO 3- 50 CALORIAS

Alimentos crus	Quantidade em gramas	Medidas caseiras
Abacate	40g	2 colheres de sopa rasa
Abacaxi	80g	1 fatia média
Abacaxi (suco)	100g	1/2 copo
Ameixa amarela	80g	3 unid. tamanho médio
Ameixa vermelha	130g	3 unid. tamanho médio
Abiu	50g	não usar medida caseira
Abricó	100g	não usar medida caseira
Ameixa	100g	3 unid.
Ameixa-do-pará	120g	3 unid. tamanho médio
Amora	100g	1 pires de chá
Araticum	100g	1 unid. tamanho médio
Açaí	20g	não usar medida caseira
Araçá	80g	não usar medida caseira
Bacuri	50g	não usar medida caseira

Banana d'água	60g	1 unid. tamanho médio
Banana figo	60g	1 unid. tamanho médio
Banana ouro	40g	1/2 unid. tamanho grande
Banana prata	50g	1/2 unid. tamanho grande
Banana S.Domingos	70g	1 unid. tamanho médio
Banana maçã ou nanica	50g	1 unid. tamanho médio
Buriti	30g	não usar medida caseira
Butiá	80g	não usar medida caseira
Cabeluda	70g	não usar medida caseira
Cajá manga	110g	não usar medida caseira
Cambuca	80g	não usar medida caseira
Carambola	170g	não usar medida caseira
Cidra	130g	unid. tamanho médio
Ciriguela	60g	1 pires de café
Cupuaçu	70g	não usar medida caseira
Caju	150g	3 unid. tamanho peq.
Caqui	80g	1 unid. tamanho médio
Cereja	70g	3 unid. tamanho médio
Coco	30g	3 colheres ou pedaço médio
Damasco	125g	2 unid. tamanho médio
Fruta-pão	50g	2 colheres de sopa médias
Fruta pavão cozido	40g	2 colheres de sopa médias
Figo	60g	1 unid. tamanho médio
Figo-da-índia	200g	3 unid. tamanho médio
Figo cozido	70g	1 unid. tamanho médio
Framboesa	80g	1 pires de chá
Fruta-do-conde	80g	1 pires de chá
Goiaba	70g	1 unid. pequena
Graviola	100g	1 unid. média
Grape-fruit	130g	2 pires de chá
Gravatá	100g	1 pires de chá
Groselha	100g	1 pires de chá
Guariroba	80g	1 pires de chá
Guariju	110g	não usar medida caseira
Ingá	80g	não usar medida caseira
Jaboticaba	100g	2 pires de chá

Jaca	100g	2 pires de chá
Jambo	180g	1 prato de mesa
Jamelão	80g	não usar medida caseira
Jatobá	170g	não usar medida caseira
Jenipapo	40g	não usar medida caseira
Juá	60g	não usar medida caseira
Laranja	100g	1 unid. tamanho médio
Laranja (suco)	100g	1/2 copo americano
Lima	100g	1 unid. tamanho médio
Laranja-bahia	120g	1 unid. tamanho pequeno
Laranja-da-china	120g	1 unid. tamanho médio
Laranjinha japonesa	100g	1 unid. tamanho grande
Limão	170g	não usar medida caseira
Limão caiana	190g	não usar medida caseira
Lima-da-pérsia	160g	1 unid. tamanho médio
Maçã	80g	1/2 unid. tamanho grande
Mamão	75g	1 fatia média
Manga	100g	1 unid. tamanho médio
Maracujá	100g	2 unid. tamanho médio
Melancia	150g	1 fatia grande
Melão	200g	1 fatia média
Morango	120g	1 pires de chá
Mangaba	120g	não usar medida caseira
Maracujá-melão	50g	1 unid. tamanho médio
Maracujá vermelho	40g	1 unid. tamanho médio
Marmelo	80g	1 unid. tamanho médio
Murici	80g	não usar medida caseira
Nectarina	80g	2 unidades tamanho grande
Nêspera	110g	1 unidade tamanho grande
Olho-de-boi	80g	não usar medida caseira
Palmatória	90g	não usar medida caseira
Pequi	60g	não usar medida caseira
Pitanga	130g	2 pires de café
Pitomba	150g	não usar medida caseira
Pupunha	30g	não usar medida caseira
Pêssego	100g	2 unid. de tamanho médio
Pêra	70g	1/2 unid. de tamanho médio

Romã (tâmara)	90g	1 unidade tamanho médio
Sapoti	50g	não usar medida caseira
Tamarindo	180g	não usar medida caseira
Tangerina, casca de	50g	não usar medida caseira
Tangerina (Mexirica)	100g	1 unid. de tamanho médio
Tapereba	70g	não usar medida caseira
Toranja	130g	não usar medida caseira
Tutiriba	30g	não usar medida caseira
Uchi	20g	não usar medida caseira
Umbu	110g	não usar medida caseira
Uva	70g	1 cacho médio
Uva passa	20g	1 colher de sopa
Uvaia	150g	não usar medida caseira

CLASSIFICAÇÃO DOS ALIMENTOS QUANTO AO VALOR CALÓRICO TOTAL
GRUPO 4- 70 CALORIAS

Alimentos crus	Quantidade em gramas	Medidas caseiras
Arroz cozido	40g	2 colheres de sopa rasas
Arroz integral cozido	40g	2 colheres de sopa rasas
Aveia em flocos	20g	1 colher de sopa rasa
Biscoito salgado	20g	2 unidades
Farinha de trigo	15g	3 colheres de chá
Feijão cozido	20g	3 colheres de sopa
Grão de bico cozido	60g	2 colheres de sopa cheias
Macarrão cozido	60g	3 colheres de sopa
Maizena	20g	1 colher de sopa
Pão de centeio	30g	1/2 fatia fina
Soja cozida	40g	4 colheres de sopa rasas
Torrada de pão	25g	4 fatias finas pequenas
Trigo cozido	20g	1 colher de sopa

CLASSIFICAÇÃO DOS ALIMENTOS QUANTO AO VALOR CALÓRICO TOTAL
GRUPO 5- 150 CALORIAS*

Alimentos crus	Quantidade em gramas	Medidas caseiras
Camarão seco	30g	3 unid. tamanho médio
Carne de vaca magra	100g	1 porção média
Carne de porco	50g	1 pedaço médio
Carne de vaca gorda	70g	1 pedaço pequeno
Carne seca	30g	1 porção pequena
Carne cabrito gorda	40g	1 pedaço pequeno
Carne cabrito magra	80g	1 pedaço médio
Carne de ave (defumada)	40g	1 porção pequena
Carne de carneiro magra	70g	1 pedaço médio
Carne de coelho	90g	1 porção grande
Carne de pato	40g	1 porção pequena
Carne de peru magra	90g	1 porção grande
Carne de porco magra	90g	1 pedaço pequeno
Carne de porco gorda	50g	1 pedaço pequeno
Camarão fresco	150g	1 prato de sobremesa
Camarão gino	40g	3 tamanho médio
Coração**	150g	1 porção grande
Dobradinha*	150g	1 pires de chá
Fígado**	120g	1 bife grande
Galinha ou frango gordo	60g	1 porção grande
Galinha ou frango magro	100g	1 coxa e antecoxa
Língua**	80g	1 pedaço médio

* Os alimentos c/ 75 calorias podem ser substituídos por metade da quantidade dos alimentos deste grupo.

** Qualquer animal

Lagosta	160g	1 porção grande
Lula	170g	1 porção grande
Marisco	300g	1 prato de mesa
Miolo**	120g	1/2 tamanho médio
Mussarela	45g	1 fatia tamanho médio
Músculo (vaca)	200g	1 porção média
Ovo	100g	2 unid. tamanho pequeno
Ostra	210g	3 unid. tamanho grande
Ovos de peixe	120g	1 porção média

Peixe-Água doce

Piau	140g	1 unid. tamanho médio
Pauí	60g	1 unid. tamanho pequeno
Pinaruca	60g	1 unid. tamanho pequeno
Sunurim	60g	1 unid. tamanho pequeno
Traíra	180g	1 porção grande
Tanhaque	60g	1 pedaço pequeno

Peixe-Água salgada

Agulha	130g	2 unid. tamanho médio
Arraia	130g	1 pedaço médio
Atum	120g	1 pedaço médio
Atum em conserva c/ azeite	50g	1 porção média
Bacalhau	160g	1 porção grande
Badejo	130g	1 porção pequena
Bagre	130g	1 unid. tamanho médio
Baleia-carne salgada	90g	1 porção média
Bonito	100g	1 tamanho médio
Bonito salgado	50g	1 unid. tamanho pequeno
Caranguejo	150g	1 prato de sobremesa
Corvina	170g	1 porção média
Cação	120g	1 pedaço médio
Cavalo	110g	1 unid. tamanho médio
Corvina	120g	1 unid. tamanho médio
Dourado	180g	2 pedaços médios
Dourado	190g	1 fatia média
Enchova	140g	1 pedaço médio

Espada	130g	1 pedaço médio
Espada salgada	80g	1 pedaço pequeno
Garoupa	180g	1 porção grande
Linguado	140g	1 tamanho médio
Namorado	100g	1 tamanho médio
Pescadinha	170g	2 filés médios
Robalo	200g	1 porção grande
Sardinha fresca	120g	3 unid. tamanho médio
Sardinha/lata/tomate	45g	1 unid.
Salmão	100g	1 unid. tamanho pequeno
Tainha	90g	1 porção pequena
Pitu	180g	3 unid. tamanho médio
Polvo	230g	2 pires de café
Presuntada	30g	1 fatia média
Presunto magro	50g	2 fatias finas
Presunto gordo	30g	1 fatia média
Queijo prato	40g	1 fatia de tamanho médio
Queijo minas	35g	1 fatia de tamanho pequeno
Rã	170g	1 unid. tamanho pequeno
Rim**	100g	1/2 unid. de tamanho médio
Ricota	80g	1 fatia de tamanho grande
Salsicha	60g	2 unid. de tamanho médio
Siri	150g	1 prato de sobremesa
Tartaruga	180g	1 prato de sobremesa
Testículo**	190g	1 fatia média
Vieira	180g	6 unid. tamanho pequeno

GASTO ENERGÉTICO POR ATIVIDADE
(excluindo metabolismo basal e ação dinâmica específica dos alimentos)

atividade	cal/kg/hora	c/pessoa pesando 75kg
deitado acordado	0,1	7
deitado repousando	0,4	30
fazendo crochê	0,4	30

tricotando	0,7	52
costurando à mão	0,4	30
à máquina de pedal	0,6	45
de pé atento	0,6	45
descansando	0,5	37
vestindo e despindo	0,7	52
andando...4800m/h	2,0	150
6.400m/h	3,4	255
8.500m/h	8,3	622
correndo	7,0	520
subindo escadas	a	
descendo escadas	b	
escrevendo	0,4	30
datilografando (rapidamente)	1,0	75
cantando em voz alta	0,8	60
tocando piano...leve	0,8	60
regular	1,4	105
pesado	2,0	150
tocando violino	0,6	45
tocando violoncelo	1,3	97
dançando	3,8	285
tocando órgão	1,5	112
dirigindo automóvel	0,9	67
varrendo....vassoura piaçaba	1,4	105
vassoura p/ tapete	6,1	120
aspirador	2,7	202
lavando (roupa nova)	1,3	97
lavando chão	1,2	90
lavando pratos	1,0	75
descascando batatas	06	45
comendo	0,4	30
— muito leve	0,9	67
— leve	1,4	105
andando (3.200m/h)	7,9	592
cavalgando trote	4,3	322
galope	6,7	502

fazendo ginástica	16,0	1200
fazendo exercício...moderado	3,1	232
pesado	3,4	255
muito pesado	7,6	570
jogando ping-pong	4,4	330
patinando	3,5	262
ciclismo — velódromo	7,6	570
— velocidade moderada	2,5	187
remando em regata	16,0	1200
boxeando	11,4	855
carpintaria (serviço pesado)	2,3	172
serrando madeira	5,7	427
pintando móveis	1,5	112
fazendo sapatos	1,0	
serviço de pedreiro	4,7	352

(a) 0,036 cal/kg/15 degraus
(b) 0,012 cal/kg/15 degraus

PROTEÍNAS: são substâncias da maior importância em nossa alimentação, pois são indispensáveis para o crescimento e para a formação de anticorpos, hormônios, glóbulos de sangue, para a formação de tecidos, principalmente músculos, e para regular o líquido dentro e fora das células.

As proteínas são formadas de aminoácidos que estão divididos em dois grupos: essenciais e não-essenciais. Os essenciais o organismo não consegue produzir e dependemos de fonte alimentar. As proteínas de origem animal (carne, leite etc.) são completas, isto é, têm os aminoácidos essenciais; as de origem vegetal são incompletas, pois não têm os aminoácidos essenciais, com exceção do trigo e da soja. Necessitamos de, no mínimo, um grama de proteínas por quilo de peso por dia. Na dieta de um indivíduo normal, as proteínas devem corresponder em média a 20% do valor calórico total, pois nosso organismo não possui a capacidade de armazenar proteínas para sua posterior utilização, sendo que aproximadamente a metade deve ser de proteínas completas.

FONTES PROTÉICAS

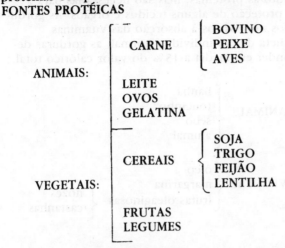

Nos cereais, frutas e vegetais, a quantidade de proteínas é muito pequena em relação a nossas necessidades.

CARBOIDRATOS

é a principal fonte de energia, isto é, não têm a função de formar estruturas como as proteínas, porém são basicamente o combustivel de utilização fácil e rápida pelo organismo. Quando ingeridos além das necessidades diárias, ficam armazenados sob a forma de glicogênio e gordura. Na dieta de um indivíduo normal, os carboidratos devem corresponder em média a 55% do valor calórico total.

FONTES:
- RICOS EM CH
  - CEREAIS E GRÃOS
    - arroz
    - trigo
  - AÇÚCAR E MEL
- POBRES EM CH
  - VERDURAS
  - LEGUMES
  - FRUTAS

GORDURAS: também como os carboidratos, são elementos produtores de energia e possuem, além disso, importantes funções estruturais em nosso organismo. Não são tão importantes quanto as proteínas, mas são necessárias para a formação e a proteção de alguns tecidos e órgãos. As gorduras são veículos necessários à absorção das vitaminas A,D,E,K. Na dieta de um indivíduo normal, as gorduras devem corresponder em média a 15% do valor calórico total.

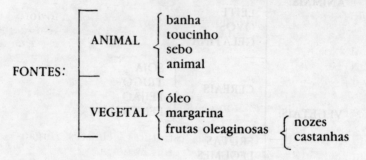

FONTES:
- ANIMAL
  - banha
  - toucinho
  - sebo animal
- VEGETAL
  - óleo
  - margarina
  - frutas oleaginosas
    - nozes
    - castanhas

VITAMINAS: as vitaminas são compostos orgânicos que aparecem nos alimentos em pequenas concentrações, desempenham funções específicas e vitais nas células e nos tecidos do corpo. Não podem ser sintetizadas pelo organismo, e sua ausência ou absorção inadequada provocam doenças de carências específicas. As vitaminas não provocam aumento de peso.

As vitaminas são qualificadas em:

LIPOSSOLÚVEIS
(solúveis em óleo):
A,D,E,K, - não se perdem facilmente pela cocção
HIDROSSOLÚVEIS
(solúveis em água):
COMPLEXO B,C - destruídas pela cocção

VITAMINA A: é importante no processo visual, manutenção de tecido epitelial do crescimento ósseo e reprodução.
FONTES:
fígado e rim - óleo de fígado de peixe
leite integral e seus derivados
gema de ovo
vegetais verdes folhosos e legumes (cenoura, beterraba)

VITAMINA D: é importante na absorção de cálcio e fósforo no T.G.I. e sua ausência no organismo poderá provocar o raquitismo e dentes fracos.
FONTES:
óleo de fígado de peixe - bacalhau
leite e seus derivados
irradiação solar (maior fonte)

VITAMINA E: proteção das estruturas celulares (órgãos genitais) e evita a destruição de certas enzimas.
FONTES:
germe de trigo
alimentos integrais

VITAMINA K: é essencial na coagulação sangüínea e sua ausência pode provocar hemorragia.
FONTES:

Alface	Repolho
Couve	Fígado
Couve-flor	Leite integral
Espinafre	

COMPLEXO B: ajuda no metabolismo de glicídios, lipídios e proteínas.
FONTES:

Alimentos integrais	Fígado, rim
Folhas verdes	Ovo

VITAMINA C (ácido ascórbico): É muito importante no metabolismo do ferro e na formação do colágeno (substância protéica que une as células). Sua ausência pode provocar o escorbuto (gengivas inchadas e sensíveis, perda do apetite, dentes fracos, depressões e até mesmo amnésia).
FONTES:
hortaliças cruas (tomate, pimentão verde)
frutas frescas em geral (cítricas e outras) (goiaba, caju e outras).

É importante saber que um cardápio balanceado, supre todas as necessidades diárias de vitaminas, não precisando recorrer as vitaminas sintéticas, hábito muito comum em nossa sociedade.

MINERAIS: os minerais são elementos necessários aos processos vitais do organismo. Participam da composição de líquidos corporais, de estruturas ósseas e atuam como enzimas em reações metabólicas. Encontram-se em equilíbrio no organismo. A carência ou excesso de um deles poderá afetar as funções dos demais.

O ser humano necessita de vários desses nutrientes, que devem provir dos alimentos. Os mais importantes são: cálcio, ferro, fósforo, iodo e fluor.

CÁLCIO: é importante na formação da estrutura óssea, dentes e coagulação sanguínea. Deficiência pode provocar o raquitismo
FONTES:
leite e seus derivados
mariscos, ostras, lagosta
gema de ovo

FÓSFORO: é essencial na formação do esqueleto, no metabolismo dos hidratos de carbono, proteínas e lipídios.

FONTES:
carnes vermelhas
vísceras
pescados, aves
ovos
leguminosos

FERRO: a maior parte do ferro é utilizada para a formação da hemoglobina (sangue), e sua carência provoca a anemia.
FONTES:
fígado, coração, rim
carnes magras
gema de ovo
açucar mascavo
leguminosas

IODO: é importante para o bom funcionamento da glândula tireóide.
FONTES:
peixe
frutos do mar

FLÚOR: é importante na formação dos ossos e dentes.
FONTES:
peixe
frutos do mar
folhas verdes
chá preto

ÁGUA: é a substância ambiental mais importante para a vida humana. Entre 40% a 60% do peso corporal de uma pessoa são representados por água. Como a água representa mais ou menos 70% do peso de um tecido muscular e somente 20% a 26% do peso de gordura, a diferença entre indivíduos pelo total de água do organismo depende da maior ou menor quantidade de músculos ou gorduras. Em média, os homens contêm relativamente menos gordura corporal que as mulheres. A distribuição de água em nosso organismo se faz dentro e fora das células (sendo a primeira chamada intracelular, e a segunda, extracelular). A água extracelular inclui o plasma, a linfa, a saliva, os líquidos dos olhos etc.

Impresso nas oficinas da
EDITORA FTD SA
Avenida Antonio Bardella, 300
Fones: 912-1905 e 912-8099
07220 GUARULHOS (SP)